ANSIEDAD

Superar depresión, estrés y ansiedad por medio
de la meditación y empezar una vida saludable

(La forma más poderosa de superarla)

Luken Nieto

I0082412

Publicado Por Daniel Heath

*Ansiedad: Superar depresión, estrés y ansiedad por medio
de la meditación y empezar una vida saludable
(La forma más poderosa de superarla)*

ISBN 978-1-989853-11-5

Este documento está orientado a proporcionar información exacta y confiable con respecto al tema y asunto que trata. La publicación se vende con la idea de que el editor no esté obligado a prestar contabilidad, permitida oficialmente, u otros servicios cualificados. Si se necesita asesoramiento, legal o profesional, debería solicitar a una persona con experiencia en la profesión.

Desde una Declaración de Principios aceptada y aprobada tanto por un comité de la American Bar Association (el Colegio de Abogados de Estados Unidos) como por un comité de editores y asociaciones.

TABLA DE CONTENIDO

Parte 1

Introducción

Quiero felicitarlo por tomar los pasos necesarios para la recuperación de su salud mental en este libro. Encontrará una manera terapéutica para lidiar con la ansiedad, el estrés, la depresión y muchas más complicaciones emocionales, como lo explican muchos profesionales como Tony Robins&Echart Tole y muchos más, incluido mi aporte sobre cómo lidiar con la ansiedad.

Espero que encuentre valor en este libro y comience su viaje hacia la recuperación.

También quisiera agradecerle de antemano por una revisión honesta.

Gracias.

Capítulo 1: Cambia tu mentalidad

"Al otro lado del miedo hay gran alegría y
    felicidad"

Para que recibas el regalo de liberarte de la
ansiedad, tienes que cambiar la forma en
que piensas sobre las cosas. Como yo
mismo sé que es difícil de hacer pero es
posible, lo primero que debemos hacer es
creer que hay una forma de salir de este
pensamiento   negativo   al   hacerlo,
permitimos que nuestro cerebro se vuelva
receptivo. Debemos   cambiar   nuestra
perspectiva, debemos ver los desafíos
como oportunidades de crecimiento en
lugar de amenazas, la ansiedad está aquí
para enseñarnos a no hacernos daño,
puede que no lo parezca ahora, pero es
cierto que una vez que se libere de la
ansiedad, verá cuán fuerte es. Te hará
recordar que tu valle más bajo es tu
montaña   más   grande.   Cuando   tuve
ansiedad, todo lo que hice fue leer un libro
y escribir un libro porque todo lo que

quería hacer era estar solo. Usé mi tiempo correctamente, sí, fue difícil, pero mantuve mi mente ocupada en algo positivo y luego comencé mi propio negocio. Lo que trato de decir es que la ansiedad me hizo una persona mejor, más trabajadora, más compasiva hacia los demás.

Debemos cambiar la forma en que nos percibimos.Responde a esta pregunta: ¿te ves a ti mismo como una persona débil, aburrida y extravagante o te ves a ti mismo como una persona fuerte, valiente, sociable y compasiva, trata de no razonar contigo mismo, sino de identificarte como fuerte, valiente y persona humorística. Recuerda que la forma en que piensas es lo que sentirás sobre ti mismo, así que piensa en positivo.

Nunca dejes que la opinión de nadie se convierta en parte de ti. No permitas que otras personas te transmitan sus inseguridades. Ten en cuenta que la palabra de Dios dice que no permita que nadie lo juzgue por sus errores pasados.

Lo que pones en tu mente es lo que pones fuera de tu mente. Comprende que los pensamientos no son parte de ti o de tu persona, ya que los pensamientos surgen de manera espontánea y miscelánea, no tenemos control sobre lo que surge de nuestra mente. Los pensamientos no definen quiénes somos realmente. No seas víctima de tu mente, por lo general, los pensamientos provienen de experiencias pasadas, entornos sociales, nuestros padres, nuestra cultura, los medios de comunicación, estos pensamientos se programan en nuestra mente, por eso debemos vigilar lo que ponemos.

Cambia tu forma de pensar.En lugar de perder el tiempo pensando en todas las cosas malas que pueden suceder, debemos forzar nuestro pensamiento a pensar en todas las cosas buenas que pueden suceder, concentrarse en hacer sonreír a alguien porque nunca se sabe por lo que otras personas están pasando, también debes comprender que todos tenemos problemas, todos tenemos inseguridades y todos hemos cometido errores en la vida, no eres el único. Es una pena decirlo, pero ahora mismo hay alguien en el hospital que lucha por su vida y, gracias a Dios, no somos nosotros.

Aprende a reírte de tus problemas. Sí, ríete de tus problemas, di a ti mismo, hombre, supongo que soy un poco coice, la práctica, la práctica es la clave aquí para ti.

Reproduzco el pensamiento negativo en el nombre de Jesucristo. Recuerdo que cuando me sentía tan deprimido mi mente no dejaba de correr. Me golpeaba en el suelo, fui a un líder de la iglesia y le hablé y le pedí que orara por favor, porque yo estaba teniendo pensamientos suicidas y tenía miedo porque, por supuesto, no quería morir, solo quería que mi mente descansara, así que el pastor oró por mí y luego me dijo "cada vez que tengas estos pensamientos, repréndelos","en el nombre de Jesucristo".Esto me ha ayudado mucho a reprender cada pensamiento en el nombre de Jesucristo tan pronto como empecé a tener pensamientos negativos. Al principio reprendía éstos muchas veces a lo largo del día, y poco a poco se iban convirtiendo cada vez menos. HECHO: la persona promedio recibe entre 50.000 y 70.000 pensamientos por día, así que sí, si estamos constantemente pensando en algo negativo, puedes derribarle hasta el suelo.

CAPITULO 2:Cómo dejar de sufrir ansiedad

Eckhart Tolle en "El Poder del Ahora", nos explica que la identificación con tu mente crea una pantalla opaca de conceptos, imágenes de etiquetas, juicios de palabras y definiciones que bloquean toda relación verdadera. Él explica cómo se interpone entre tu y tu yo, entre tu y tu prójimo y mujer, entre tu y la naturaleza, entre tu y Dios. Es esta pantalla de pensamiento la que crea la ilusión de separación, la ilusión de que existes tu y el "otro" totalmente separado.

También explica lo importante que es para nosotros que aprendamos a desentendernos de nuestras mentes, porque la mente siempre está pensando en el pasado y la mayoría de las veces está pensando en algo negativo. Está diseñado de esa manera porque la mente está solo aquí para sobrevivir, eso es todo lo que quiere hacer sobrevivir. Ahora la razón por la que la mente siempre está pensando en el pasado, es porque el pasado nos da una identidad falsa de lo que la mente cree que somos y el futuro tiene una promesa de salvación de cumplimiento en cualquier forma. Ambas son ilusiones. El tiempo es una ilusión, el único tiempo real que tenemos es ahora. Piénsalo, nadie prometió el mañana y el ayer ya no se volverá a ver, solo en el reflejo de nuestras mentes si existe.

Cómo funciona la mente.Siempre escuchas esa voz dentro de tu cabeza que siempre está hablando, la mente siempre está comparando, juzgando y le gusta algo o le disgusta algo y se queja mucho. La forma de silenciar tu mente es estar atento y vivir en el presente, sentir tu cuerpo en el ahora como si acabaras de despertar de un sueño muy malo o como si hubieras estado ciego durante años y saber de repente que puedes ver. Siéntelo con tu cuerpo, ve las cosas a tu alrededor de la forma en que respiras y la forma en que caminas como si fuera algo realmente mágico, porque realmente lo es, la forma en que puedes manifestar tu ser en este mundo es mágica si está presente.

Eckhart Tolle dijo: "Entonces, cuando escuchas un pensamiento, estás consciente, no solo del pensamiento, sino también de ti. Puedes dar el primer paso ahora mismo. Comienza a escuchar la voz en tu cabeza tan a menudo como puedas. Pon atención particular a cualquier patrón de pensamiento repetitivo, esos viejos registros de gramófono que han estado tocando en tu cabeza tal vez por muchos años. Esto es lo que quiero decir con "observar al pensador", cuando escuches esa voz, escucha de manera imparcial. Para decir, no juzgue. No juzgues ni condenes lo que oyes, porque hacerlo significaría que la misma voz ha entrado de nuevo por la puerta trasera. *Pronto te darás cuenta: está la voz, y aquí la estoy escuchando, observándola. Esto es la realización, este sentido de tu propia presencia, no es un pensamiento. Surge de más allá de la mente. Tú mismo como testigo del pensamiento. Ha entrado una nueva dimensión de la conciencia. Cuando escuchas el pensamiento, sientes una presencia consciente, tu ser más profundo, detrás o debajo del pensamiento, por así decirlo. Luego, el pensamiento pierde su poder sobre ti y se desploma rápidamente, porque ya no estás energizando la mente a través de la identificación con ella. Este es el principio del fin del pensamiento involuntario y compulsivo ."*

Eckhart continúa: cuando un pensamiento cede, experimentas una discontinuidad en la corriente mental, una brecha de "no-mente". Al principio, las brechas serán cortas, quizás unos segundos, pero gradualmente se harán más largas. Cuando ocurren estas brechas, sientes una cierta quietud y paz dentro de ti. Este es el comienzo de tu estado natural de unidad sentida con el Ser, que generalmente es oscurecida por la mente. Con la práctica, la sensación de quietud y paz se profundizará. De hecho, no hay final para su profundidad. También sentirás una sutil emanación de alegría que surge desde lo más profundo:

"Estar atrapado en tu mente es como estar atrapado en el tiempo"

La clave es terminar con el engaño del tiempo, vivir como si no hubiera pasado ni futuro, ya que es solo una ilusión, eliminar la ilusión de pasado y futuro y volverse presente.

"Identificarse con tu mente es estar atrapado en el tiempo"

Nuestras emociones son una expresión externa de cómo se siente tu cerebro por dentro.

Eckhart Tolle dijo. "La mente juzga el presente a través del pasado y obtiene una visión distorsionada de él. No es raro que la voz sea el peor enemigo de una persona. Muchas personas viven con un torturador en la cabeza que continuamente los ataca y castiga," de energía vital. Es la causa de la miseria y la infelicidad indecibles, así como la enfermedad." Así que recuerda que, una vez que se haya liberado de tu mente y se afirme en el presente, solo entonces te sentirás vivo y la energía radiante que trae a la conciencia, esto no puede explicarse por la mente, solo puedes sentirla, que es la estado del ser iluminado. El ego juega un papel importante en lo que sucede en el reino inconsciente de la mente, el ego se deriva del inconsciente, que mantiene un falso sentido de identidad, una persona no puede ser lo que la mente piensa porque la mente trae pensamientos negativos que no reflejan quiénes somos realmente. El ego usa el pasado para hacer una historia falsa de quién cree que somos del pasado sociológico y hereditario, muchas otras pequeñas contribuciones del estado mental como el alcohol causa un lapso de juicios en el comportamiento humano.

"El Poder de Elegir"

Eckart Tole explica esto en esta forma exacta. Escuche la palabra elegir, elegir es una palabra que usamos todos los días. Pero elegir esa palabra puede ser engañoso al decir que alguien elige una relación disfuncional o cualquier otra situación en su vida. La elección implica conciencia, un alto grado de conciencia sin ella, no tienes elección. La elección comienza en el momento en que se identifica erróneamente desde la mente y sus patrones de condición desde el momento en que se hace presente hasta que llega a ese punto en el que está inconsciente, hablando espiritualmente. Esto significa que te obligaste a pensar para sentir y actuar de cierta manera. Según la condición de tu mente. Fue entonces cuando Jesús dijo: perdónales porque no saben lo que hacen. Esto no está relacionado con la inteligencia en el sentido convencional de la palabra. He conocido a muchas personas altamente inteligentes y educadas que estaban completamente inconscientes. Es decir, completamente identificado con su mente, ¿puedes ver cómo pueden suceder las cosas malas si tu conciencia no está creciendo?

No hay opción, una persona no tiene una opción si la mente la está utilizando en una parte inconsciente, significa que no está consciente de la realidad; simplemente está jugando lo que su mente ha creado un patrón mental que guío sobre qué el mundo necesita estar, no estar completamente presente en el ahora. Eso también hace que el novio de esta chica quede inconsciente porque su mente también está condicionada de manera tal que un patrón mental y emocional. La pregunta es, ¿eres realmente quién dicen tus patrones mentales que eres? en sus saludos no. Así es como la mente trata de obtener identidad. A menos que puedas acceder al poder del presente que te permite atravesar un pasado condicionado, ella tendrá una opción. Por lo tanto, si tienes rencor con tus padres, guardas resentimiento por el cuerpo del dolor que produce, porque no estás completamente presente y también tienes que aceptar el hecho de que tampoco tenían otra opción. La única forma en que puedes tener una opción si ha estado libre de tu mente.

Por ejemplo, una niña es una mala relación, no porque elija porque la realidad es que no es consciente porque creía en su mente que nosotros somos experimentados como un niño que su mente ha aceptado como normal, como un patrón mental crea patrones.

Piensa en la última vez que tuviste un mal sueño y te sentiste enojado o triste por ese sueño después de despertarte, por ejemplo, perder a un ser querido o tu cónyuge engañándote, y llevaste esas imágenes mentales en tu mente después de despertarte. Arriba, así es como la mente nos miente todo el día; crea estas imágenes falsas que despiertan emociones dentro de nosotros, y las emociones que representamos en el exterior es realmente cómo se siente la mente en el interior, pero debemos aprender a no hacerlo. Escucha esos pensamientos y desidentifícate con la mente y hazte más consciente del momento presente, esta es también una forma de cuerpo doloroso. Las mismas cosas que controlan nuestras emociones a partir de los patrones de pensamiento que vemos.

Pero no intentes captarlo con tu mente. No trates de entenderlo. Solo puedes saberlo cuando la mente está quieta. Cuando estás presente, tu atención está completa e intensamente en el Ahora, se puede sentir el Ser, pero nunca se puede entender mentalmente.

Tu mente es un instrumento, una herramienta. Está ahí para ser usado para una tarea específica y cuando la tarea se completa, la colocas. Tal como está, diría que entre el 80 y el 90 por ciento de la mayoría de la gente piensa que no solo es inútil, repetitivo y compulsivo, sino que, debido a su naturaleza disfuncional y, a menudo, negativa, gran parte también es perjudicial. Observa tu mente y encuentras que esto es verdad. Causa una grave fuga de energía vital. Este tipo de pensamiento compulsivo es en realidad una adicción? En pocas palabras, ya no sientes que tienes la opción de parar. Parece más fuerte que tú. También te da una falsa sensación de placer, placer que invariablemente se convierte en dolor.

¿Por qué deberíamos ser adictos al pensamiento? Porque te identificas con ella, lo que significa que derivas tu sentido del yo del contenido y la actividad de tu mente. Porque creíste que dejarías de ser si dejaras de pensar. A medida que creces, formas una imagen mental de quién eres, basado en tu condicionamiento personal y cultural. Podemos llamar a este yo fantasma el ego. Consiste en la actividad mental y solo puede mantenerse pasando por el pensamiento constante. El término ego significa diferentes cosas para diferentes personas, pero cuando lo uso aquí significa falso yo, creado por la identificación inconsciente con la mente.

En lugar de pensar en los resultados negativos reemplazarlos con resultados positivos.

El ego siempre se compara con los demás, por eso a veces nos sentimos menos o menos si alguien más tiene más, pero eso no es una realidad porque el materialismo no lo define, ya que no podemos llevar ninguna de esas cosas a la otra vida.

Llegará un momento en el que todos debemos aceptar el hecho de que algún día pasaremos a una vida futura, para eliminar el miedo a entrar en ese reino debemos crear en nuestra mente la vida futura como un lugar hermoso para caminar.

1) Los estudios muestran que si haces este ejercicio, mírate en el espejo de manera deprimida, observa tu postura exterior como se ve cuando estás en ese estado, así que practica posturas de poder con las manos en las caderas o los brazos cruzados. Sentirse poderosos también aumentan los niveles de testosterona.

2) Si tu eres el tipo de persona que cometió algunos errores graves, lo primero que debes hacer es no llamarlo un error, sino un error de juicio que todos recibimos como seres humanos, esto es cuando no creemos que nuestra mente sea amable de perderlo, no tiene que hacer nada con nosotros sino con la naturaleza humana.

Cómo estar presente: en un estado más profundo, haz este pequeño ejercicio, cierra los ojos e imagina que perdiste la vista y que habías estado ciego durante 10 años, luego, cuando los abres, puedes verlos e imaginarlos. Una persona en tu vida que amas profundamente podría ser tu hijo, tu hija, tu madre o tu padre, y ahora ves su rostro por primera vez después de 10 años de ser ciego. Pon toda tu emoción en ese enfoque y siente el aire, las cosas que te rodean a medida que comienzas a apreciar más la vida. Este es el estado de estar iluminado o completamente presente.

Depresión: significa que necesitas restablecer tus prioridades y desarrollar tu autoestima, trata de hacer solo una cosa a la vez, no tomes demasiadas cosas, se vuelve estresante y da la sensación de estar abrumado.

Enojo: cuando estás enojado, eso solo significa que una de tus reglas ha sido violada, por lo que debes hacer es comunicarte con esa persona y hacerle saber que no fue tu intención la causa, si tu fuiste quien la causó.

Frustraciones: lo que estás haciendo no está funcionando, eso significa que necesitas cambiar lo que estás haciendo, el tiempo para restablecer tus objetivos comprende que, porque algo no funcionó, no significa que falló, simplemente no funcionó, tomó una decisión, paso importante en descubrir eso.

Culpabilidad: concéntrate en el mensaje y

luego asegúrate de que nunca lo volverás a hacer. NOTA: usa el poder de ahora para sacarlo de este patrón de pensamiento junto con estas 7 revelaciones.

Solo: significa que necesitas ir a hablar con alguien.

Inferioridad / Miedo: proviene de la falta de conocimiento, significa que necesitas aprender algo y prepararte para cualquier adversidad externa a medida que tu mente lo percibe como un ataque del mundo exterior.

Daño: Significa que necesitas comunicarte mejor explica por qué no se cumplió su necesidad.

Lo que realmente necesitas entender es que tu sufrimiento es creado por ti, y no eres quién o lo que tu mente dice que eres, no lo sabías antes, pero ahora sí, sabes que tienes la comprensión y el poder de ahora para ayudarte a cambiar estos patrones mentales. Por ejemplo, cuando escuchas que tu mente dice que no puedo hacer esto, necesitas reemplazarlo con afirmaciones positivas, como que puedo hacer esto. Haré esto, esto no es nada que haya hecho antes.

Para una explicación más vívida y exacta, sugiero que leas"El poder de Ahora" por Echart Tolle. Tony Robins despierta al gigante interior.

Capítulo 3: Limitar las creencias

Hay una historia de cómo Napoleon Hill, escritor de "Think and GrowRich," inculcó el deseo de su hijo Blair Hill cuando era pequeño. Blair Hill nació sin orejas cuando los médicos lo sacaron del vientre de su madre y dijeron que el bebé no escuchaba ni hablaba, pero Napoleón Hill no aceptó que, como es verdad, Napoleón habla sobre su deseo de que su hijo pueda hablar y escuchar un día, se propuso su único propósito de inculcar el deseo de querer hablar y escuche a su hijo Blair Hill a una edad temprana. La filosofía de Napoleón Hills fue que todos los logros comienzan con el primer paso, que le da poder para tener un deseo ardiente de obtener un resultado específico.

Decidió no enseñar el lenguaje de canto de Blair, inscribió a Blair en las clases regulares de la escuela y leía los libros de Blair a la hora de ir a la cama, historias diseñadas para desarrollar en él la autosuficiencia, la imaginación y un gran deseo de escuchar y ser normal, "como para establecer la creencia de que su aflicción no era una discapacidad, sino un bien de gran valor." Napoleón Hill insistió en que BlairsMind no tuviera oídos en realidad era una ventaja, no una desventaja que persistía y que, debido a sus circunstancias, haría atención especial por parte de los profesores y tratamientos especiales de bondad.

Napoleón Hill insistió en que "cada adversidad trae consigo la semilla de una ventaja equivalente." Entonces, cuando Blair tenía 21 años, había probado diferentes tipos de audífonos y, lamentablemente, no había funcionado. Entonces, en su último año de universidad, dudó antes de probar un acústico en audífonos que fue diseñado específicamente para él por DictographProductsCompany, con sede en la ciudad de Nueva York. Sin embargo, el audífono demostró ser absolutamente perfecto para Blair, más tarde, después de eso, Blair trabajó con la compañía para anunciar y vender audífonos a otras personas con "discapacidades."

"La Historia del Elefante"

Cuando un hombre pasaba junto a un grupo de elefantes, se dio cuenta y se confundió por lo que vio, el asunto era que había un gran elefante atado a una cuerda, lo extraño era que este elefante tan pequeño, en la medida en que si él simplemente tirara de la cuerda, estaría libre de ser cautivo. Se preguntó a sí mismo por qué estos elefantes no intentan simplemente liberarse. Cuando vio pasar al entrenador, le hizo la misma pregunta. El entrenador explicó: "cuando eran pequeños, estaban atados exactamente con la misma cuerda de cuero, por lo que ahora que son más viejos están condicionados a creer que no pueden separarse, creen que la cuerda aún puede retenerlos, por lo que nunca intentan de nuevo."

Al igual que los elefantes, ¿cuántos de nosotros pasamos por la vida aferrados a una creencia que nos hace pensar que no podemos hacer algo solo porque antes hemos fallado? Cuántos de nosotros todavía llevamos estas creencias en nuestra mente, debemos liberarnos de estos patrones mentales condicionados y creer en nosotros mismos para tener la audacia de perseguir nuestros sueños. Henry David Thoreau dijo: "Aprendí esto, al menos, con mi experimento: que si uno avanza con confianza en la dirección de sus sueños y se esfuerza por vivir la vida que ha imaginado, se encontrará con un éxito inesperado en las horas comunes. Él dejará algunas cosas atrás, pasará un límite invisible, las leyes nuevas, universales y más liberales comenzarán a establecerse alrededor de él y dentro de él, o las viejas leyes se expandirán e interpretarán a su favor en un sentido más liberal, y vivirá con la licencia de un orden superior de seres."

"La Historia del Pez Gato"

La mayoría de nosotros pensamos que las cosas en la vida están aquí para destruirnos o para hacerlas miserables, pero eso está lejos de la verdad si puedo recordar muchas veces en mi vida que las cosas que llamé tan incómodas, donde solo estoy presente para mantenerme en movimiento y mantenme fresco. La historia de "TheCatFish" es una ilustración de cómo mis dudas, ansiedades y las personas que consideré que intentaban abatirme, fueron solo una contribución a lo que soy ahora, lo que me impulsó a escribir este libro y crecer mentalmente, espiritual e intelectualmente.

La historia de los peces gato: si no estás familiarizado con los peces bacalao, estos peces viven en la costa este del país. La noticia se difundió rápidamente de los sabrosos peces nuevos en los medios de comunicación hacia la Costa Oeste. Pero había un problema: no podían llevar el pescado a todo el país y mantenerlo fresco. Intentaron congelarlo y enviarlo por ferrocarril por los medios más rápidos en ese momento.

Cuando se preparó resultó ser muy blando y le faltaba sabor, alguien decidió enviar el pez con vida, convirtiendo los vagones de ferrocarril en enormes acuarios de agua salada. Cuando llegaron los bacalaos, todavía estaban vivos, pero cuando estaban preparados, todavía eran blandos y sin sabor. Después de estudiar el bacalao, alguien descubrió que su enemigo natural era el bagre esta vez, cuando el bacalao estaba en los tanques donde colocaron algunos bagres, el bagre persiguió al bacalao allí gracias a todo el país hasta el

Costa Oeste. Esta vez, cuando fueron capturados frescos y preparados en la Costa Oeste, tenían escamas y tenían el mismo sabor que tenían cuando estaban en la Costa Este.

Ves que necesitaban el bagre para mantenerlos frescos, así que si comienzas a analizar una situación en la vida, donde hay una persona que quizás te haya lastimado en el pasado y te haya dicho cosas malas, úsala como motivación para empujarte en un destino más grande.

"No eres quien tu mente dice que eres"

Como ya sabe, del Capítulo 2, tu no eres lo que dice su mente, ha habido citas y un libro escrito que indica que tu eres lo que piensa tu mente, pero percibo que este concepto es falso, porque en nuestra mente podemos fácilmente recordar un momento en el que pensamos mal de otra persona, sin siquiera conocerla. Ideas preconcebidas de alguien a quien ni siquiera conocemos, pero que hizo estos juicios e ideas, ¿fuiste tu o tu mente? Es la mente que usa patrones de pensamiento que han sido programados en nuestras mentes, por eso debemos aprender a no identificarnos con nuestras mentes. Por lo tanto, la próxima vez que escuches que tu mente dice algo sobre otra persona sin él, no se identifica contigo, por lo que comenzarás a no juzgarte por pensar los pensamientos negativos o enfermos de otra persona o cosa.

Capítulo 4: Cómo influir en las personas

Supongamos que tu compañero de trabajo te preguntara, si en tu descanso le comprarías una hamburguesa y una tarta de McDonald's y también le traerías un paquete de cigarrillos cuando regreses. ¿Cómo responderías a esta petición? ¿Cumplirías o negarías su solicitud? Sé que la mayoría de las personas negarían aceptar realizar esta solicitud, especialmente si realmente no se asocia con esa persona. Pero digamos que esta misma persona te hizo la misma solicitud pero se ofreció a otorgarte $ 30 si cumplías con su solicitud, ¿no aceptarías la oferta? Ese es el poder de los incentivos, los incentivos son cosas como regalos, compensación por las acciones de uno, etc.

Cómo conseguir que las personas cambien su mal comportamiento. Charlie Munger nos explica que los humanos reaccionan más a las pérdidas que a las ganancias, tendemos a centrarnos más en nuestras pérdidas, eso es la ganancia, es la sensación de perder algo lo que enciende la mente del hombre. Así que Munger implica que debemos hablar en términos de Pérdidas si queremos influir en el cambio, en el comportamiento de algunas personas. Charlie explica en su libro "Buscando Sabiduría," si desea que un CEO de una empresa deje de hacer prácticas poco éticas en los negocios, entonces debería explicárselo de esta manera. Si continúa haciendo eso, podría ser despedido y su reputación quedaría dañada, y no solo eso, sino también su responsabilidad. Poniendo a su familia en riesgo, por ir a la cárcel por ello.

Otra forma de influir en las personas es hacer que sean inalcanzables o difíciles de conseguir. Micheal de Montaigne: Prohibirnos algo es hacer que lo queramos. Cuanto menos disponible hay algo más lo deseamos. Estas son grandes estrategias de mercadeo, que también pertenecen a la escasez, que cae bajo la categoría de principios de persuasión escritos por Robert Cialdini. Lo que significa que las personas valoran las cosas si perciben que son escasas (un suministro limitado) no es suficiente. Piense en antigüedades, automóviles de lujo o incluso zapatos, cuestan más debido al hecho de que hay un suministro limitado.

Un ejemplo en 2012 fue cuando un bocadillo llamado Twinkie estaba cerrando la empresa, cuando la gente descubrió que estaban cerrando, mucha gente comenzó a comprarlos, en algún lugar incluso vendiendo por una cantidad ridícula de dinero en línea, hasta la escasez. Con el tiempo, la empresa se mantuvo en el negocio para que la gente comenzara a comprar más del producto. Cuando HostessTwinkies se estaba cerrando, la gente los vendía a precios ridículos, los más caros eran uno, una caja de Twinkie por 21 millones, según Business Insider. Es realmente asombroso cómo esta ley realmente produce su verdadera naturaleza.

Influencia a través del gusto. Si te gusta alguien y esa persona te pediría un favor, ¿no estarías más dispuesto a decir que sí, sea cual sea el motivo, tal vez te sientas atraído por él o ella, quizás estés enamorado de esa persona o tal vez ustedes solo son amigos y tienen muchas cosas en común. La verdad es que si puedes hacer que alguien como tú tenga el poder de persuadir a esa persona. Entonces, una cosa que debes hacer para que una persona le agrade es establecer una buena relación. La forma en que se establece es al comunicarse y escuchar lo que tienen que decir y actuar como esa otra persona a la que desea agradarle, dar elogios genuinos sobre su ropa, zapatos, etc., como sus amigos, por ejemplo, usted hace las cosas que les gusta y les dice cosas que les gustan, etc.

Siempre recuerda agregar valor a cualquier cosa, agregar valor es una calidad que los jefes y las necesidades de la humanidad, por ejemplo, si vas a un trabajo donde quieras que trabaje y encuentras una manera de hacer el trabajo mejor de forma más rápida y económica, reduciendo costos y maximizando resultados, ¿crees que tu jefe lo apreciaría? Por supuesto, él lo haría. Si comienzas a convertirlo en un hábito, el cerebro se pondrá al día y eventualmente comenzarás a hacer estas cosas de manera inconsciente, creando esto en un hábito indefinidamente te hará una mejor persona.

Otro ejemplo sería, digamos que tu eres plomero o electricista, y ellos to enviaron a un trabajo, van a ver el trabajo, una vez que comienzan a preguntarse, ¿cómo puedo agregar valor a esto? Tu ves algunos cables colgando donde no se supone que deben hacerlo o fuera del código. Luego, se lo pasas a tu jefe y este cobrará más por el trabajo adicional que debe hacerse, si un fontanero dice que lo envió a un trabajo, pero una vez que se ve que un grifo gotea y que un tanque de agua va mal, le sugiere al propietario de la propiedad o la administración lo que debe hacer para evitar un daño de infraestructura mucho mayor, y luego transmite esta noticia a su jefe, que por lo tanto agrega valor a la situación.

La razón de este problema que enfrentan muchas personas es que no están donde quieren estar, o sienten que pueden hacerlo mejor, pero no porque tienen miedo de fallar. Viven vidas deprimidas, esto es un asunto de la vida real. Less Brown habló de esto en uno de sus discursos en el seminario, sobre cómo los estudios demostraron cuántos mueren el lunes por la mañana debido a ataques cardíacos. Creo que el estrés causa estos ataques cardíacos. La razón por la que esto sucede ahora puede sonar como un cliché, pero es porque estas personas no están a la altura de su potencial. Debido al temor, la duda y la incredulidad, la razón por la que no creen es debido a la falta de conocimiento, no tienen el conocimiento que les permite perseguir su sueño.¿Puedes creer que algunas personas no perseguirán sus sueños porque temen lo que otras personas puedan pensar, puedes creer eso? tienen miedo de perder un "buen trabajo", un trabajo en el que pueden ser despedidos en cualquier momento.

Construya tu entorno de una manera que respalde tus sueños y metas, por ejemplo, si quieres estar saludable, perder peso, necesitas construir el entorno a tu alrededor que respalde estas acciones. Es posible que debas mantenerte alejado de las situaciones de tentación hasta que desarrolles el impulso o disciplina para no caer en la tentación de los alimentos grasos, si deseas convertirte en abogado, debes estar en la oficina del secretario de la oficina. Es posible que desees estar cerca de personas orientadas a los objetivos de acondicionamiento físico y abstenerse de beber y personas que puedan inconscientemente o conscientemente frenar tu crecimiento.

Capítulo 5: Cómo ganar más intelecto y tomar decisiones más inteligentes

Convertirse en un autoaprendizaje de por vida a través de la lectura voraz; cultiva la curiosidad y esfuérzate por ser un poco más sabio cada día".

Charlie Munger

¿Por qué es tan importante la lectura?

La lectura te ayuda a obtener información sobre asuntos importantes de los que de otra manera no tendrías conocimiento. Si no hubieras leído el libro o la revista, la lectura puede proporcionarte un gran avance, puedes motivarte, obtener nuevas ideas para tu plan o negocio. La lectura puede proporcionar un plan para lo que estás tratando de lograr, un plan es un diseño de lo que se necesita hacer para cumplir una tarea, los libros pueden salvar vidas, pueden sacarlo de lugares oscuros. Hay libros de psicología y libros espirituales que también pueden hacer lo mismo por ti. Pueden agregar valor a tu vida y negocio, salud, estado físico, invertir, cocinar prácticamente cualquier cosa, hay algo dispuesto para que pueda acceder al reino de tus deseos, si tienes el ingenio (medios) para poder recoger un libro y encontrar la respuesta a tu problema.

Es realmente importante lo que decidas leer, lo que deberías leer son libros de autoayuda, libros de psicología, comportamiento humano y financiero. Recuerda que lo que pones en tu cerebro es lo que obtienes. Lo mismo se aplica a la salud y al buen estado físico. Con un conocimiento y una comprensión más profundos, los libros te hacen una mejor persona, te ayudan a aumentar tu creatividad, confianza e imaginación, te ayudan a desarrollar tus habilidades verbales que te hacen más competitivo en este mundo competitivo. De una manera peculiar (extraña), la lectura también puede convertirse en una fuente de meditación, una forma de escapar de la realidad. También podrías enfrentarte a pruebas y cómo esos personajes adquirieron sabiduría sobre cómo superar los desafíos difíciles en la vida, que debería ser la única razón por la que uno escogería una novela, creo.

Personas como Warren Buffet, Tony Robbin, OprahWinfrey, Steve Jobs y muchas otras personas exitosas dedican tiempo para leer y animan a leer todos los días. Warren Buffet, el amigo y socio de negocios de Charlie Munger, que por cierto tiene un valor neto de $ 75.6 billones, solo el segundo hombre más rico de los EE. UU. Fue quien preguntó qué era clave para su éxito. Señaló un montón de libros cercanos y dijo: "Lea 500 páginas como esta todos los días. Así es como funciona el conocimiento, se acumula como un interés compuesto." El interés compuesto es el interés sobre el interés.

Según se informa, Lincoln llevaría un libro a todas partes y escribiría las cosas en tableros si no tuviera papel. Hay una historia sobre Lincoln que tendría que viajar millas solo para pedir libros prestados a los agricultores en el límite de las ciudades. Lincoln tomaría prestados libros de leyes de amigos y vecinos, él leería después del trabajo durante un descanso en el trabajo, y Abraham Lincoln dijo lo siguiente.

Consigue los libros. Y léalos y estúdielos, le dijo a un estudiante de derecho que buscaba consejo en 1855. No importaba, continuó, ya sea que la lectura se haga en un pueblo pequeño o en una gran ciudad, solo o en compañía de otros. "Los libros y su capacidad para entenderlos, son los mismos en todos los lugares…. Siempre tenga en cuenta que sus resoluciones para tener éxito son más importantes que cualquier otra cosa."

La forma en que la lectura me ha ayudado, me ha hecho una persona más inteligente y me ha alentado a creer en mí mismo y no dudar de mí mismo, me ha enseñado a pensar mejor, permitiéndome ver lo que considero negativo en mi vida como un activo para mí y cómo utilizarlo en mi beneficio, mejor y continuar escribiendo este libro.

Les sugiero que lea los libros si desea mejorar en alguna de estas áreas de la vida.

Si deseas perder peso, te sugiero que leas Revistas para hombres o Revistas de ejercicios para mujeres que lo ayuden a mantenerse motivado y en línea con sus objetivos.

Si buscas dinero y riqueza, te sugiero que leas libros de inversión, como los escritos por Napoleon Hill, Warren Buffet y Charlie Munger, algunos de los hombres más ricos del mundo.

Si deseas pensar mejor, toma decisiones más inteligentes y toma el control de tu vida y pensamientos, te sugiero que leas libros de psicología y libros de autoayuda como este e influyas en la psicología de la persuasión por Robert B. Cialdini, Despierta el gigante interior por Anthony Robbins.

Si deseas liberarte de la ansiedad y la depresión, te sugiero que leas un libro espiritual y libros de autoayuda como "El poder de ahora", escrito por Eckhart Tolle. Despierta al gigante interior por AntonyRobbins.

El mundo está lleno de posibilidades infinitas, no te detengas debido al temor o la pereza que te hacen a la incredulidad, el miedo te paralizará, siempre habrá miedo cuando comiences algo nuevo, pero debes ser valiente para actuar incluso si el miedo está presente. Solo de esa manera, eliminarás los límites del miedo de la inconsciencia.

"Escribe las cosas"

¿Por qué es importante escribir las cosas? Los estudios muestran que cuando las escribes es más probable que te comprometas con ella y recuerdas que solo podemos contener tanta información en nuestro cerebro que es imprescindible que escribamos las cosas como objetivos y cualquier otra cosa. También debes tomar notas todo el tiempo, llevar un diario con usted para escribir cualquier cosa importante que te ayude a crecer y recordarle porque hay demasiada información que solemos olvidar.

Establezca metas: establecer metas nos da una sensación de satisfacción y algo que esperamos y motiva al enviar visiones a su cerebro que crean entusiasmo, una cosa que es muy importante es divertirse en todo lo que está haciendo.

Aprende a no tomarte la vida demasiado en serio: aunque la vida no es un juego, no debemos tomarlo muy en serio, debemos aprender a disfrutar la vida y no hacer hincapié en ganar riqueza o pruebas sociales, y ser felices siendo uno mismo, con o sin productos sociales.

Parte 2

Introducción

Mi sincero agradecimiento por haber descargado este libro.

El presente libro le brinda una guía para ser un guerrero de paz con el fin de superar la ansiedad. La ansiedad es un problema muy incómodo, ya sea si siente mareos o llega a tener dolor o molestias en el pecho. En cualquierade los casos mencionados,este libro le será de gran utilidad. Lo primero que debe saber es que no está solo. Antes de aprender a lidiar y superar la ansiedad, creía que no era algo normal y, aunque lo fuera, debe saber que NO está solo.

¡Aviso! Este libro no es como la mayoría de libros que existen sobre este tema. No le voy a decir lo que debe comer o qué medicamentos debe tomar. Tampoco le vengo a sugerir que consuma medicina natural, como por ejemplo, aceites esenciales. Aunque son buenas ideas, vamos a profundizar en el asunto y hacer lo posible para lograr esos cambios permanentes que considero necesarios en su vida.

El propósito es darle los medios para que usted y su vida experimenten un verdadero cambio.No...No va a convertirse en un dios, pero si toma en serio los métodosa aplicar en este libro, verá un cambio en sus niveles de ansiedad y en la perspectiva que tiene de la vida en general. Se convertiráen un guerrero de paz. Comencemos, ¿de acuerdo?

Capítulo 1 – Basta, es hora de un cambio

"Es en los momentos de decisión cuando se forja tu destino."
- Tony Robbins

En lo personal, la ansiedad siempre ha estado asociada con malestares en el pecho. Mucha gentedescribe la ansiedad como el equivalente atener distención abdominal, sentir ardor en todo el cuerpo, falta de aire, etc. No importanlos síntomas, creo que pensamos igualal decir que son muy incómodos. Entonces, ¿por qué algunas personas sufrende este mal yotras no?, ¿Por qué son tan afortunados? Quizá haya soñadocon una vida en la que no teme avergonzarse de algo y sentirse ridículo. Quizá su único deseo es dejar de sentir que está bajo presión todo el tiempo. Quizá le teme a la soledad. Le garantizo que hay solución para cualquier miedo que tenga. Por supuesto que no todo temor es malo, pero a menudo el miedo provocado por la ansiedades infundado. Por lo tanto, nuestro objetivo es disminuir el miedo y aumentar esasensación de tener todo bajo control, pero a medida que vaya avanzando por cada capítulo, en lugar de tomar el control, hay que perderlo.

Es por eso que el propósito de este capítulo es darle los motivosnecesarios para cambiar. Tome en cuenta las siguientes preguntas:

• ¿Qué ha dejado pasar por culpa de la ansiedad?

• ¿Qué haría en este momento si no tuviera ansiedad?

• ¿Qué tipo de relaciones ha dejado pasarpor culpa de la ansiedad?

• ¿Cómo viviríasu vida si no tuviera ansiedad?

Si estas preguntas le provocan algo de dolor, está bien. Ya sea el dolor o la alegría, cualquiera de ellos es un gran motivador devida. El dolores el que más impera.

Por ejemplo: Si pongo 10 millones de dólares en la línea de meta, ¿está seguro de que va a hacer lo que sea para correr más rápido? Pero digamos que,en lugar de poner algo en la línea de meta, pongo a un lobo salvaje y hambriento a perseguirlo con el fin de hacerle daño. ¿En qué situación va a correr más rápido? Apuesto a que escogió la segunda opción.

Comprender la idea principalque existe tras la motivación es crucial si busca superar la ansiedad. Como mencioné, si aquellas preguntas le provocaron algo de dolor, está bien porque eso le impulsará a seguir adelante en su objetivo de superar la ansiedad. Es posible que existan otras preguntas que le provoquen mucho más dolor y sirvan de motivación con el fin de optar por un cambio. Úselas como impulso. Es hora de que finalmente decida poner fin al problema. "No puedo seguir viviendo así. Tiene que haber algo más en la vida que este sufrimiento constante de ansiedad". Confíe en mí, hay solución. Le aseguro que compartiré todos los consejos prácticos y sugerencias que me han ayudado a superar la ansiedad. Hay una vida maravillosa ahí afuera que está esperando por usted. Es momento de descubrir cómo llegar a la tierra prometida, ¿estamos?

Resumen:

• *El dolor es el mayor motivador. Plantéese preguntas que provoquen dolor como, ¿qué he dejado pasar por culpa de la ansiedad?*

• *Tome la decisión de cambiar su vida. Por último, diga "¡Basta!" y comprométase a superar la ansiedad de una buena vez.*

Capítulo 2 – ¿Qué opinión tiene de usted?

Con la mencionada pregunta busco cuestionarlo y decirle que usted no es un nombre. No es un cuerpo humano. Su edad es sólo un número. No es el producto de las circunstancias por las que ha pasado. El punto es que usted no es la ansiedad.

Uno de los puntos principales para superar la ansiedad es darse cuenta de que usted no eslo que piensa, siente y experimenta. Usted sabe lo que piensa, siente y experimenta durante su vida. Si no tiene idea del concepto en cuestión,es probable que se confunda. ¿A qué quiero llegar con esta pregunta? Bueno, déjeme adivinar. No compró el libro porque buscaba información que puede obtener en cualquier librería existente acerca de la ansiedad. Le diría que cambie sus hábitos alimenticios, ya que pueden ser parte del problema. Le recomiendo consumir medicina natural, como por ejemplo,aceites esenciales que son de utilidad, cambie su forma de pensar y empiece a tener un enfoque más realista de la vida. Todas estas ideas son geniales, no me malinterprete. El propósito de este libro no es repetir toda esta información que puede conseguiren cualquier otro lugar.

El propósito de este libro es convertirlo en lo que me gusta llamarlocomo guerrero de paz. Ahora, una vez que sea un guerrero de paz, la ansiedad no será un problema para usted. Es posible que siga experimentando algunas sensaciones en su cuerpo, sin que eso signifique que se trate de ansiedad. Para ello, debe tener algo más que un pensamiento positivo. Es necesario cambiar la opinión que tiene de usted. No es necesario ponerse a crear afirmacionespara lograrlo, no; vamos a ir al fondo del asunto.

Quiero que se separe de todo. Cada concepto que tenga de usted. Aunque es probable que sea una persona estupenda y con una personalidad agradable, ¿no cree que algo tiene que cambiar?En lo personal, el sufrimiento de seguir siendo el mismo se fue acrecentando y eso me obligó a cambiar. De hecho, sigo cambiando. ¿Qué cambio? ¿Estilo de ropa, color de cabello, relaciones, apartamento o de ciudad? No, un cambio en la opinión que tiene de usted. No sólo un cambio de identidad, sino un completo desapego de la opinión que normalmente tiene de usted. Si se toma en serio la tarea de superar la ansiedad, este paso es muy importante.

¿Alguna vez se ha topado con la siguiente situación? Está a punto de hacer algo que le produce ansiedad, lo sabe y comienza a pensar en que nada bueno puede resultar de esto. De repente, ¿la ansiedad le produce ansiedad? Si es como yo y lo ha vivido en carne propia, significa que la ansiedad está estrechamente relacionada a la opinión que tiene de usted. Esto se debe a que nuestras normas de conducta están basadas en el ego. Si no tiene idea de lo que es el ego y sus consecuencias, déjeme explicarle. Básicamente, el ego es una ilusión que se tiene de sí mismo basado en los recuerdos y opiniones que se tiene como persona. Vea a su ego como una persona de baja estatura dando vueltas por su cabeza y diciéndole toda clase de cosas sobre usted y los demás, etc. El objetivo de esta personade baja estaturaes hacerle creer que él es usted. ¿Entiende? Lo que esta persona de baja estaturabusca es que crea que ÉL es USTED. La razón por la que esta persona de baja estatura busca que usted crea en ello es para que usted empiece a marcar distancia de los demás.

A esta persona de baja estatura o ego también se le conoce como enemigo oculto. Como guerrero de paz, ese el enemigo a vencer. Él es una de las principales razones de su ansiedad y sufrimiento. Él es la voz dentro de su cabeza que le dice lo que es usted. Soy bueno en esto, malo en esto, soy mejor que esta persona, peor que esa persona, etc. Él que no acepta el presente y quierelo mejor para el futuro o anhela el pasado. El ego va más allá de eso, sólo estoy dando una breve explicación. Algunas personas que escuchan esto por primera vez quizá se pregunten, ¿hay una voz dentro de mi cabeza? O se enojan y niegan que exista tal cosa. Obviamente, es el ego que está hablando y negando la situación.

Si este concepto le parece desconocido, entiendo que sea motivo de confusión. Es bueno que sepa que toda persona tiene un ego, incluso la gente más culta, pero no tienen relación alguna entre sí. En los siguientes capítulos aprenderá algunas técnicas para desprenderse del enemigo oculto y, finalmente,empezar el camino hacia la libertad.

Resumen:

- *Para superar la ansiedad, debe deshacerse de la opinión que normalmente tiene de usted. Especialmente, si cree que usted es la ansiedad o que la ansiedad es parte de usted.*

- *Preste atención al enemigo oculto (el ego), que constantemente se empeña en causar sufrimiento en su vida al decirle que algo se va a dar de una forma diferente a lo que espera o suele ser en realidad.*

- *La mejor arma que el enemigo ocultousa es hacerle creer que él es usted. Ahora que lo sabe,ya tiene idea de cómo enfrentarlo. Tome en cuenta lo que pasa por su cabezasin pensar si es bueno o malo.*

Capítulo 3 – Meditación de plena conciencia

"La negatividad es causada por una acumulación detiempo psicológico y por la negación del presente. La incomodidad, ansiedad, tensión, estrés, preocupación– toda forma de miedo que exista–son producto deestar muy centrado en el futuro y no vivir el presente. La culpa, arrepentimiento, resentimiento, quejas, tristeza, amarguray toda forma de castigoson productode vivir apegado al pasado y no vivir el presente."

- *EckartTolle*

Bien, ahora ya conoce un poco al enemigo oculto y lo que nos está provocando. ¿Cómo podemos deshacernos de este "hombrecito" que ronda nuestra cabeza? No veo adecuado que su primer objetivo sea deshacerse de él. Se dará cuenta de que, en realidad, no luce como una amenaza una vez que lo enfrenta con la mentalidad correcta. Lo primero que debe entender es que usted decide cuánto poder tiene este "hombrecito".

Recuérdelo, usted tiene el control.

Lo primero que tiene que hacer es abrir los ojos. Cuando abre los ojos, empieza a marcar distancia. Hay algunas maneras de hacerlo. La primera recomendación es que se siente y medite. Se puede decir que es aburrido. Bueno, de ser así, definitivamente necesita meditar. En el mundo de hoy en día, nos hemos vuelto muy adictos a la estimulación constante. No dejamos espacio para la reflexión. Deje su teléfono a un lado, de preferencia, apáguelo. Eso puede ser arriesgado, ¿y si hay una emergencia? Cuando alguien plantea este argumento, les pregunto cómo la gente pudovivir antes de que se inventara el teléfono. En fin, eso es otra historia.

Siéntese en una habitación tranquila, coloque su cuerpo en una posición apropiada. Coloque su espalda lo más recta posible. Concéntrese en su respiración, tanto la inhalación como la exhalación. ¿Por dónde está respirando? ¿Por el pecho o el estómago? Si respira por el pecho, no cambie su forma de respirar, sólo concéntrese. Cuando su mente de mono empieza a pensar en otra cosa, vuelva a concentrarse en respirar. Tenga plena aceptación de lo que sucede en su cuerpo y mente. Quizá su mente empiece a pensar en lo que necesita hacer, lo estúpido que resulta esto y lo incómodo que se siente. Relájese y vuelva a concentrarse en respirar. La persona de baja estatura busca controlarlo de esa manera. No lo juzgue, concéntreseen respirar. Haga esto durante al menos cinco minutos.

Acostúmbrese a comenzar su día concentrándose en respirar por cinco minutos. Antes de hacer alguna actividad, prepare café, coma un sánduche, sea cual sea su rutina matutina. Coloque las piernas a un lado de la cama y siéntese durante cinco minutos en posición vertical. Recuerde, ya no aguanta más, ¡acéptelo! Cada vez que se enfoque en otra cosa que no searespirar, vuelva a concentrarse en ello. El propósito de este ejercicio es liberarse de los pensamientos con los que nos sentimos identificados / persona de baja estatura. Reciba esa sensación en su cuerpo. No piense que está sufriendo deansiedad, adéntrese en esa sensación. No es bueno ni malo, solamente es una sensación.

Al hacerlo, se sentirá cada vez mejor. Si le agrada esa sensación, hágalo por más de cinco minutos. El objetivo final es llevarse esa sensaciónque produce la actividad por un día entero. Por ejemplo, si está lavando los platos o caminando por afuera, preste atención al movimiento de sus manos, su respiración, el sonido a su alrededor. Ahora tiene un arma contra esa persona de baja estatura: la reflexión.

Compartiré con usted la que considero es la segunda arma más efectiva contra este enemigo oculto. Esto requiere que previamente, haya marcado cierta distancia. La idea es usar el humor. Si alguna vez ha visto South Park u otro programa de TV o película que tiene un personaje con una voz o estilo gracioso, añádaledichas cualidades a esa persona de baja estatura. Entonces, cada vez que le diga que no puede hacer algo, cómo debe sentirse, que tiene miedo de algo, etc. Piense en ese personaje graciosocuando eso suceda.

Resumen:

• *La reflexión es el arma más efectiva contra el enemigo oculto / persona de baja estatura. Comience todos los días con cinco minutos de meditación y concéntrese en respirar.*

• *Enfóquese en su vida diaria. Dirija su atención al ahora.*

• *Cada vez que sienta que su voz se está apoderando de usted, use la segunda arma más efectiva, que es el humor. Añádale algunas cualidades graciosas a esa personade baja estatura. Recuerde que siempre tiene el control.*

Capítulo 4 – La burbuja que nos rodea

"Una vez que me di cuenta que la burbuja me controlaba, comencé a odiarla. Eso fuebueno, porque cuando lo hice, me resultó fácil destruirla para abrir paso al deseo de volar".

- Jenny Holmquist

Imagineestar rodeado por una burbuja de la que no puede salir y que le está apretando. Lo encierra cada vez más cuando está cerca de otras personas. Quizá cuanto más cerca está unadeterminada persona o grupo de personas, la misma se vuelve más fuerte. El objetivo de dicha burbuja es reducir sus niveles de energía, provocar rigidez en el cuerpo y que se sienta cohibido. Cuando esta burbuja lo presiona más, siente como si llevara el mundo sobre tus hombros. Quizá sienta que hay una cinta apretando su cabeza. Ahora, ¿Qué pasa si le digo que esta burbuja existe? ¿Le gustaría salir de ella?

Apuesto a que dijo que sí. No es tan difícil como parece, en realidad es muy simple.

Sin embargo, no es fácil, pero si tiene una apropiada motivación (que supongo que tiene, si se hizo las preguntas del capítulo 1), lo logrará. Se librará de esta burbuja y experimentará lo que se siente superar la ansiedad. Al igual que el ego, esta burbuja busca que usted sea como ella. Quiere hacerle creer que la burbuja es usted. No podría estar más alejado de la verdad. Usted es más que eso.

En la práctica, ¿qué significa esto? Bueno, las emociones que experimenta cuando tiene ansiedad no forman parte de lo que es usted. No son una maldición que aparece al nacer. No son parte de su ADN, del cual no puede librarse. La idea es comprender que usted es capaz de vivir sin ataduras. Es momento de decidir ser libre. Ahora, esto requiere autoconocimientoy valentía, algo que asumo que los tiene porque aún sigue leyendo este libro. Le aviso que es necesario seguir este proceso, ya que la sensación de libertad lo puede agobiar. Es posible que surjan diversas emociones reprimidas en este proceso. Básicamente, lo que estoy tratando de decir es que no cometa ninguna locura. No quiero que se haga daño y, como dije en la introducción, no se convertirá en un dios, aunque se sienta así.

Se va a encontrar en un estado habitual. Supongamos que la vida hay que vivir con alegría. Ese es el estado habitual. Entonces, si siente que ha estado encerrado en una cueva durante años y finalmente volvió a ver la luz, ¡Felicidades!

Ahora, el objetivo es salir de la burbuja. Quiero que consiga un bolígrafo, un trozo de papel y lo escriba. No le voy a dar detalles del por qué debe hacerlo, pero para ser específico, los estudios han demostrado una y otra vez que escribir sus objetivos es la forma más eficaz de llegar a cumplirlos. Lo que tiene que hacer es que su subconsciente se concentre en lograr lo que ha escrito. Escriba sus objetivos como si los hubiera alcanzado. Quiero que escriba, al menos, estos dos objetivos con sus propias palabras:

1. Al fin me libré de la burbuja y me siento complacido por ello.

2. Me libero delas críticas y de hacer caso

a lo que la gente diga de mí.

El objetivo número dos es, en realidad, un beneficio que tendrá al salir de la burbuja, pero anótelo en caso de que su mente sienta que la burbuja empieza a oscurecersey se vuelva una mentira. Ahora ya sabe hacia dónde vamos. En el próximo capítulo, entraremos en el plan de acción para salir de esta burbuja.

Claves:

• *El propósito de la burbuja es reducir sus niveles de energía, provocar rigidez en su cuerpo y que se sienta cohibido.*

• *La burbuja que nos rodea es similar al ego, quiere que sea como ella. Busca hacerle creer que la burbuja es usted. No podría estar más alejado de la verdad. Usted es más que eso.*

• *Hay que vivir la vida con alegría. De eso se trata el estado habitual.*

• *Anote su objetivo con el fin de que el subconsciente sepa a dónde hay que apuntar y dirigirse.*

Capítulo 5 – Libertad

"Cuando hablas con la verdad, te liberas. Cuando te mueves de forma espontánea, te liberas. Cuando caminas por las montañas o nadas en el mar, otra vez, te liberas."

— *JayWoodman*

Este capítulo puede asustarle un poco. Sus manos podrían comenzar a sudar y esa persona de baja estatura podría venir a tomar posesión de usted. No se preocupe, respire hondo y siga conmigo.

Cuando siente ansiedad, su burbuja se torna muy apretada, necesita expandirla. ¿Cómo se hace? Bueno, hay tres formas. La primera es la meditación, que se encuentra en el capítulo 3. La segunda forma es abrir su cuerpo. Y la tercera forma es la intención de hacer algoque le provoque vergüenza. Llegó la hora de ser libre. Quiero presentarle algunos ejercicios bioenergéticos. Es algo que me ha ayudado muchoen diversas maneras, por lo que los recomiendo de todo corazón. No le voy a compartir todos los ejercicios, pero compartiré los dos que uso normalmente. Si quiere más ejercicios, busque en Google.

1. El primer ejercicio se llama "Arco". Lo que tiene que hacer es pararse y alzar sus brazos para formar una V. Abra la boca tanto como le sea posible. (Hay mucha tensión en la boca, por lo que es necesario distender el rostro). Lentamente, comience a mover la parte superior de su cuerpo hacia atrás, como si fuera a caminar por debajo del palo de limbo. Siga manteniendo los brazos arriba y la boca abierta. Va a sentir que la parte superior de su cuerpo, específicamente alrededor del área del pecho, comienza a temblar. Si no, inclínese un poco más hacia atrás con la parte superior de su cuerpo.

2. El segundo ejercicio se llama "Vibración y movilidad". Comience levantando los talones del piso y haga que reboten en el suelo. Relaje su cuerpo tanto como sea posible (sin embargo, tiene que estar de pie, así que no se caiga). Levante y deje caer los talones un par de veces y lentamente comience a mover la cabeza,

los hombros, los brazos y relaje los músculos mientras lo hace. No se preocupe por seguir un determinado patrón. Sacúdase y menee su cuerpo tanto como pueda. Cuanto más ridículo se sienta o crea que es absurdo hacerlo, mejor.

Los beneficios de hacer estos dos ejercicios son que su cuerpo se sienta más relajado. La tensión en su cuerpo desaparecerá para, posteriormente, formar un círculo virtuoso. Los niveles de ansiedad se reducen, tendrá más confianza y ahora tendrá una forma de expandir la burbuja.

Bien, repasemos la parte aterradora. "¿Hago algo con la intención de sentir vergüenza? Es una tontería, qué consejo más estúpido, gracias por haberme hecho perder tiempo". ¡ESPERE! ¿No será que su ego está hablando? ¡Vamos, no ha llegado tan lejos leyendo el libro para dejarlo ahora! Usted es muy valiente. Continuemos. Muchas veces, cuando su burbuja lo presiona más, es una manifestación física de miedo. Tiene miedo en su cuerpo que no lo deja seguir.

Ahora, puede que no sea el tipo de miedo que siente si tiene miedo a las alturas, por ejemplo, éste suele ser más sutil. Está más al fondo, pero lo siente. Su enemigo oculto se aprovecha de este sentimiento. Quiere controlarlo y sabe que es un blanco fácil cuando siente miedo. Si deja que tome posesión de usted, se concentrará menos en lo que le rodea y más en usted mismo. Hay una salida a ello.

¿Alguna vez ha hecho algo que no va con usted? Apuesto a que sí, quizá estuvo en una cena, en otro país, en otra circunstancia y actuó de forma algo rara o quizáalgo incómodaahora que lo recuerda. Pues bien, usted no actuó de forma rara en ese entonces. Simplemente se encontraba en otra situación. Cuando lo piensa, es probable que no se haya sentido incómodo o extraño en el momento en que actuóde esa manera. Su burbuja era más grande, quizá desapareció en ese momento. No solo vivía, sino que se sentía con vida. Anhela estar en dicho estado. Cuando se encuentra en dicho estado, se convierte en un guerrero de paz.

Recuerde: Nadie puede hacerlo sentir avergonzado o ansioso, sólo usted es capaz de hacerlo. Usted decide si le va a afectar la opinión de alguien. Al comienzo de este ejercicio, obviamente, se va a sentir extraño y avergonzado, y puede que sienta que no hay mucho que hacer al respecto. Pero recuerde la importancia de la reflexión, pongaplena aceptación a la situación. Acepte ese sentimiento en su cuerpo, sus pensamientos, todo, como si no fueran su propia persona. Usted es un espectador. Bien, ¿qué ejercicios puede hacer? Bueno, supongo que no necesito decirle qué es lo que le hace sentir avergonzado. Creo que puede pensar en muchas cosas, pero hay un ejercicio con el que puede comenzar:

Salga al bosque y cante en voz alta.

Si desea llevar este ejercicio a otro nivel, le sugiero que vaya a una ciudad cercana donde no conozca a nadie. En pleno día, comience a cantar mientras va por la calle. Cerciórese de que los demásle escuchen cantar.

Si puede hacerlo en su ciudad, mucho

mejor, pero es probable que le resulte complicado hacerlo. Empiece por notar cómo se siente después de haberlo hecho. Su corazón latirá con fuerza, incluso podría estar temblando. Pero, ¿qué pasa si alguien me pregunta qué es lo que estoy haciendo o me dice que pare? No se preocupe, probablemente no sucederá, pero si llegara a suceder, responda amablemente que tenía ganas de cantar y que lamenta lo sucedido. Haga algo que le provoque incomodidad y ponga plena concentración y aceptación de lo que suceda. No intente controlar otra cosa que no sean sus pensamientos. Lo más probable es que se sienta más vivo que nunca después de tal experiencia.

No le diga a nadie que lo va a hacer; pueden tratar de disuadirlo o burlarse de usted. Después del enemigo oculto, el mayor enemigo son sus amistades y familiares. No todos ellos, por supuesto, pero es probable que existan personas que busquen   impedirlo. Inconscientemente,quieren evitar que usted deje de ser la misma persona de siempre. En el próximo capítulo, quiero mencionar algo muy importante, por loque es necesario que siga con la lectura.

Claves:

• *Las tres armas principales que tiene contra la burbuja son la atención plena, ejercicios bioenergéticos y actividades de relajación.*

• *Realice ejercicios bioenergéticosde forma regular. Especialmente, cuando sienta que su burbuja lo presiona con fuerza. Se va a sentir relajado después de hacer estos ejercicios.*

• *Haga ejercicios de relajación y ponga más de sí mismo, hágalo y comience a liberarse de la burbuja. Posteriormente, sacuda su cuerpo y siéntase más relajado. Sabrá realmente lo que se siente estar vivo.*

Conclusión

¡Gracias nuevamente por haberse tomado el tiempo de leer este libro!

Espero que este libro le haya aportado ideas nuevas que sean de ayudaparalidiar con la ansiedad.

www.ingramcontent.com/pod-product-compliance
Lightning Source LLC
Chambersburg PA
CBHW071245020426
42333CB00015B/1632